台 中 無 所 事 事 之 旅

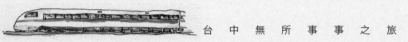 台 中 無 所 事 事 之 旅

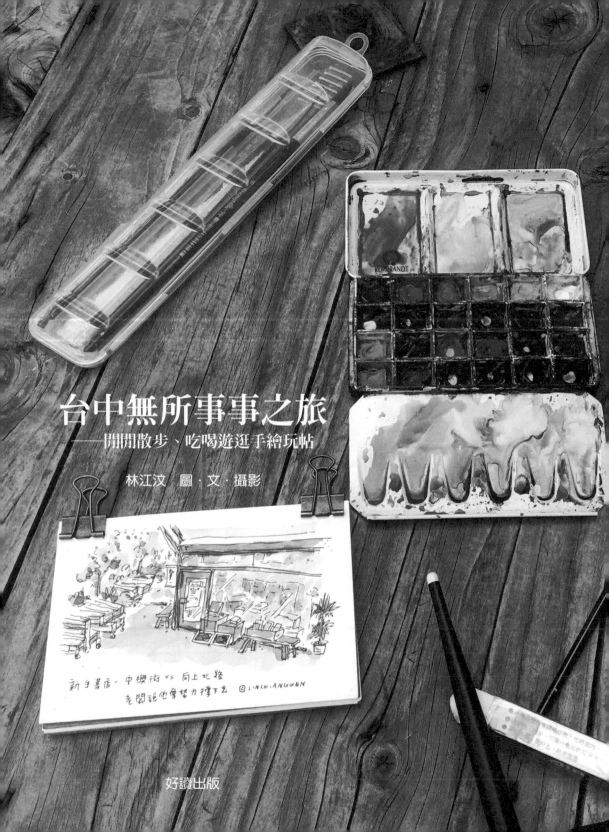

台中無所事事之旅
—— 閒閒散步、吃喝遊逛手繪玩帖

林江汶　圖·文·攝影

好讀出版

以圖會友

圖‧文／徐至宏

台中的旱溪，是一條幾乎全年乾涸的河川，一路從豐原綿延貫穿台中市。住在豐原的我，每次要從台中回豐原，總選擇走旱溪旁的路，順著蜿蜒的河堤，在沒有紅綠燈干擾的單行道上，在陽光偶爾灑落在河堤旁的雜草上，荒蕪的景致讓人有種短暫脫離城市的錯覺。

回到了豐原，繼續沿著旱溪走，廣大的河床漸漸縮減，濃縮成小小的溪流，順著溪流，開始一段上坡的路段，這邊是整座旱溪的源頭——公老坪，也是在豐原我最喜歡的地方。

公老坪，是一座海拔僅三、四百公尺的小台地，因為它平易近人的高度，讓我一有時間就會想往上跑。每當傍晚的時候，我會騎著單車，循著旱溪，繞過小橋，順著路上公老坪，花不到半個小時的時間，經過三四個髮夾彎，感受自己的汗水一滴滴滑落在鞋子上，終於來到了觀景公園。運氣好

一點的話，最遠還能看到台中海線的風景，在太陽逐漸火紅的那一瞬間，聚集了單車族、機車族、攝影狂等來自各方的觀眾，大家都安靜的等待著，等待著橘紅色漸漸被暈染成紫色，路燈逐漸亮起的那一刻。

徐至宏

台中豐原人，1985 年生，花蓮教育大學藝術設計系畢業，現為專職插畫工作者，為報章雜誌等繪製插圖。

2014 年於台南蕭壟文化園區駐村，以台南老巷弄為主題創作《安靜的時間》系列插圖，由大塊文化出版集結成書，榮獲第四十屆金鼎獎圖書插圖獎。

個人著作：2015 大塊文化出版《安靜的時間》、2015 凌速文化出版《跟它去流浪》

作品網站：www.facebook.com/hom0604

作者序——
我 喜 歡 ， 用 畫 畫 記 錄 生 活

出書是我的夢想，因為覺得——如果某一天，看到自己的書出現在書架上，那會是多麼酷的一件事！所以，我一直以此為目標努力著，趁下班與休假時間練習畫畫，畫完，就把作品分享至臉書粉絲頁。

2016年2月27日，台中市役所重新開幕那天，我跟畫友相約去畫畫，結果巧遇好讀出版的行銷企畫劉恩綺，她說看過我的作品，沒想到居然意外遇見本人！也因為這一天的巧遇，我與好讀出版展開了這一次的出書計畫。

《台中無所事事之旅》是我的第一本書，由於我喜歡用圖畫記錄生活，於是我們決定以所生活的這座城市「台中」為主題，出版一本以手繪圖呈現為主的書，把台中好吃好玩的地方都畫下來；並將比較鄰近的景點盡可能整理在一起，讓大家規畫去玩時，可以不用花太多時間在交通上。

感謝各位讀者的支持，這本書是我的處女作，還有很多需要改進的地方，我也會繼續努力。最後，感謝我的家人、「速寫台中」社團的畫友，以及好讀出版。因為有你們，才有這本書的誕生。

可以平整地攤開來

餐點以健康的凍蛋為主

明男の厨房
Dining AKIO

童話鮮B班
手卷

鮮蝦
手卷

照燒
蒟蒻

2016.03.05
@ LIN CHIANG-WEN

台中市北區
梅亭街
252號3樓

炸雞定食

照燒鯖魚定食

目 錄 C o n t e n t s　　🍬伴手禮　✏文具控

西區

中區

12

臺中車站 新站剛蓋好而已

對外地遊客來說，台中是很重要的交通位置，
尤其過去對中部五縣市來說，台中就是「繁華所在」的象徵。

東協廣場 以前叫第一廣場

現在成了外籍移工朋友的最愛，
這裡有一些賣泰國、印尼料理的地方。

台中市中區綠川西街135號

綠川 每年三月會開花，美不勝收

還記得當初經過時，就被這美景給吸引住了，於是用畫筆記錄了下來。粉紅花風鈴木只會開一陣子，要好好把握賞花時間。

上圖：台中市中區綠川東街34號前
左圖：台中市中區民權路與綠川東街交叉口

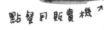
點餐用販賣機

盛橋刈包

日式風味的刈包小店

刈包有蒸的、炸的，
口味有甜的、鹹的，
相當多樣。

台中市中區中山路26號1樓
0903-402-778

炸的刈包＋抹茶冰淇淋
＋紅豆＋湯圓

造型特別的
日本汽水

宮原眼科

以前是眼科，現在賣冰

就位在綠川旁邊，內部是挑高式建築，裡面販售冰淇淋、糕餅伴手禮。
每到假日總會湧入大量人潮。

台中市中區中山路20號
(04)2227-1927

配料可以自行搭配
買越多球冰淇淋可以
選擇越多種配料

繼光街一帶
日據時代「榮町」的前身

繼光商店街

有賣布、冰品小吃、越南料理

繼光香香雞
實在是太香了

店名都叫繼光香香雞了，
當然要來繼光街的總店朝
聖一下啊！

台中市中區繼光街91號
(04)2226-7919

只要聞到，就會想買來吃！

有香蕉香味的古早味 水果冰

幸發亭 古早味的冰店

很有歷史的冰店，店內保有
部分復古風情，賣蜜豆冰、
水果冰等等。

台中市中區台灣大道1段137號
(04)2229-3257

譚家手工麵疙瘩
料理都很好吃

附近都是賣泰式料理的異國館子，但我反倒比較常來吃這家。
菜色都很好吃，而且價格也不貴。

台中市中區繼光街144號
(04)2223-8005

酒香醉蝦

酒香醉雞

雖然主要是賣麵疙瘩，
但是這兩樣小菜實在是太美味了！

一福堂老店
超喜歡他們的 檸檬餅

雖然台中名產是太陽餅，但是啊
我覺得檸檬餅更好吃呢，也很適
合當伴手禮喔！

台中市中區中山路67號
(04)2222-2643

↑剛出爐的檸檬餅

第四信用合作社
跟宮原眼科同一家，也是賣冰

冰品比宮原眼科多，冰很甜，
可以揪螞蟻同好一起去！
門口擺了一個裝飾用金庫。

台中市中區中山路72號
(04)2227-1966

阿蘭百草店

賣草藥與百草茶

可以買杯青草茶帶著喝,也可以買店家搭配好的回家煮。這整條街都在賣青草茶和草藥,以新鮮草藥為主。

台中市中區成功路90巷12號
(04)2225-2910

火氣大喝一下
百草茶

台中電子街　電子零件與 3C 用品

隱身在繼光街裡,可從綠川西街93巷進入。賣電腦、印表機等3C用品,近民族路那一側則是賣LED燈、電路板等電子零件。

想想人文空間

Thinkers' Corner

路過會想進去瞧瞧的店,裡面有書、寄賣物、甜點飲料,及空間出租,樓上不定期會辦講座。

台中市中區民權路78號
(04)2229-6346

↑
骰子形狀的招牌

一樓的空間:有個吧台、一面書架、窗戶前有座位

自由路附近
有很多太陽餅店

臺灣太陽餅博物館位於臺灣大道上靠近火車站，旁邊是彰化銀行。

臺灣太陽餅博物館
可以體驗太陽餅DIY

蜂蜜口味太陽餅好吃！一樓櫥窗可以看到老師傅現做，你也可以DIY，當天就把自己做的烤出來。二樓有展覽，現在也設咖啡廳。

台中市中區台灣大道1段145號
(04)2229-5559

彰化銀行
很有味道的建築物

日據時代完成的建築物，是台中市定古蹟。很多人會來這裡拍照、寫生，也是重要地標。

台中市中區自由路2段38號

東京卡通漫畫專賣店
宅宅最愛的地方

可以買到很多動漫雜誌，帶宅宅朋友來挖寶。

台中市中區光復路83號
(04)2225-1185

我朋友很愛來這裡逛

小惡魔雪莉貝爾

DIY 冰棒、蛋糕

Sherry Wen · 雪莉汶
小惡魔雪莉貝爾 的店長
喜歡畫畫，多才多藝!

可以 自己用巧克力醬.
糖果...等 裝飾自己的
冰棒或蛋糕。

賣枝仔冰起家。這家店很適合帶小朋友去，裝飾出獨
一無二的冰棒與蛋糕。二樓陳列了店主小惡魔Sherry本
人的畫作。

台中市中區民族路68號
0989-213-537

東東芋圓 - 市府店

大坑那家生意太好, 所以市區也開了分店

不只在大坑，現在在市區也吃得到，
經過就會聞到煮芋頭的香味。
芋圓真的很Q，裡面料超多，
不過我比較喜歡喝到很多湯!

料很多!

台中市中區市府路63號
(04)2227-5678

水車 日本料理
日本料理 定食套餐

還滿有名的一家老店。我喜歡它的定食，點一份可以吃到很多小配菜。

台中市中區民族路67號
(04)2225-3388

有多種口味可以選擇，
我最喜歡原味的。

套餐附的小菜有很多種

洪瑞珍 三明治
三明治很好吃

它的三明治有股魔力，我可以連吃三個！口味很多可任選，很適合當伴手禮，但須注意冷藏保存。

台中市中區中山路125-2號
(04)2226-8127

有多種口味可以選擇，
我最喜歡原味的。

老樹咖啡
傳統的老咖啡廳

我當初是被門口那棵茂密的樹給吸引過去。進去後，有種穿梭時空回到過去的fu。這是家有實力的咖啡店，有人專程來這裡喝指定風味的咖啡。

台中市中區平等街35號
(04)2225-9191

柳原教會一帶
柳原教會美美的

柳原教會
外觀美麗的教會

這個區域最搶眼的建築物，紅磚外觀很有氣質，適合拍照、畫畫。

台中市中區興中街119號
(與福音街交會)

興中街明豆乳紅茶
有台灣味的老店

秘密日式拉麵攤
招牌超大，一點也不秘密

根本深夜食堂拉麵版！
人氣拉麵小攤，晚上十點開賣，賣完就沒了！

台中市中區公園路91號
0976-099-177

位於柳原教會入口處附近，很有台灣味的一個小攤子，可以坐下來吃烤吐司，搭配木瓜牛奶等飲料。

飲料用
玻璃杯裝 ←

台中市中區興中街152號
(04)2221-4636

時代中西畫材 很舒適的美術用品店

這是家新開的美術社，但跟一般想像中的美術社不太一樣，裡頭陳設很有質感，好像在賣精品。進了一些特殊品牌，別家買不到。

台中市中區三民路3段45號
(04)2225-6619

萬代福影城 生意很好的二輪片戲院

台中老字號戲院，以二輪片為主，也放映較特別的影片，以及辦影展。裡頭設有博物館，展示放映機、老闆壯觀的底片收藏。樓梯間有電影海報手繪壁畫，好像走在電影時光走廊裡。

台中市中區公園路38號
(04)2221-0356

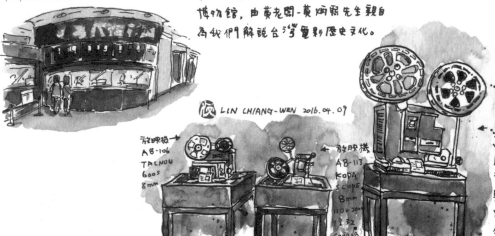

今天很榮幸參觀萬代福大戲院 的電影
博物館，由黃老闆-黃炳熙先生親自
為我們解說台灣電影歷史文化。

LIN CHIANG-WEN 2016.04.09

放映機→
A8-106
TAENON
600S
8mm

← 放映機
A8-113
KODA
SCOPE
8mm
110V 2000
1.32
Canada

類型：放映機
編號：A16-203
廠牌：EIKI
型號：SL-2
影片：16mm
燈泡：24V 250W
年份：1978
產地：日本

中華夜市

烤肉、烤吐司、木伬牛奶 很多攤

每天都營業的老牌夜市。有一條路白天是機車道，晚上變攤商聚集地。整個夜市最多的就是烤土司和烤肉攤。

台中市中區中華路1段～2段

林烤肉
要等很久的人氣烤肉攤

要排隊排很久，我覺得肉烤得很嫩不會柴，米血豆包之類的也都不錯吃。

台中市中區篤行路6號(與中華路交會)
0932-644-606

老牌沙茶牛肉
牛肉 超嫩的啊！

炒牛肉超嫩、超入味，其他現炒菜色也很讚，來中華夜市必光顧。

台中市中區中華路1段111號
0936-298-788

龍川冰菓室　古早味冰店

它那復古風的招牌一整個吸引我，是生意很好的老店。

台中市中區中華路1段96號
(04)2225-9436

牛乳木瓜汁	柳丁原汁	蜜豆冰	檸檬冰	水果冰	綜合果汁	紅豆牛乳冰
50元	70元	70元	70元	70元	70元	70元

潭子臭豆腐
吃臭豆腐配啤酒，讚!

是家老店，是外地人對中華夜市最不能忘情的一攤。臭豆腐外酥內軟，配啤酒，簡直絕配。

台中市中區中華路1段81號
(04)2229-2507

綜合果汁
(杯子很古早)

└ 紅豆牛乳冰　└ 招牌烤吐司
(上面有圖案)

日日新大戲院
中華路夜市賣的電影院

夜市裡有一家戲院,所以呢?大方的買小吃進電影院就對了,不過我們做人要有公德心,要避開氣味重的食物喔!

台中市中區中華路1段58號
(04)2223-6757

陳記涼茶本舖
來一碗養生甜品

有了這家店,根本不用特地跑去香港吃養生甜湯。進到店裡,有種奇特的安定感,還沒開吃就療癒了一半。

台中市中區中華路1段49號
(04)2225-5088

薏仁蓮子雪蛤膏 ↗   杏仁豆腐雪蛤膏 ↑

紅點文旅
有溜滑梯的飯店

RedDot

在我心中它是最潮旅店,裡頭設有兩三層樓高的溜滑梯,也有buffet可以吃,入住的備品是一整組可以讓人帶走的禮盒,質感滿分。

台中市中區民族路206號
(04)2229-9333

第二市場一帶
傳統小吃與日本進口零食

有很多吃的、買的，裡面是一家家小店舖，像走迷宮一樣很好逛。魯肉飯很多家，讓我眼花撩亂，每家各有擁護者。

台中市中區三民路2段87號
(與台灣大道1段交會)

第二市場
TAICHUNG SECONDARY MARKET

王記菜頭粿
內行的都點三樣

第二市場人氣店，算是「中式輕食」，荷包蛋、菜頭粿、糯米腸，三合一一起點，分量剛剛好。

第二市場內(三民路那一側)
(04)2224-2318

糯米腸 → ← 菜頭粿 ← 煎蛋

炎術 天然養生果汁冷飲

來自埔里的一家養生飲品店，店頭就可以看到芋頭、番薯、南瓜、火龍果等新鮮食材。冬瓜茶，真正用冬瓜本尊去熬煮。注重養生的朋友，很推薦喝喝看，滿滿的濃郁口感。

第二市場內(三民路那一側)
(04)2229-8101

飲料都是純天然的喔!

老賴茶棧
風味獨特的紅茶

這是我最喜歡的一家紅茶店,茶有獨特的香味,
相當古早味。每種紅茶都好喝,值得一試。

第二市場內(三民路那一側)
(04)2220-0858

李海魯肉飯
傳統好滋味

第二市場人氣魯肉飯店
舖,從傍晚開到隔天清晨,
餵飽吃晚餐、消夜、早餐的人。

第二市場內(台灣大道那一側)
(04)2226-0180

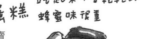

坂神長崎蛋糕
需要排隊的蜂蜜蛋糕

蜂蜜蛋糕每天現做,當天就賣
完。口感濕潤不會乾,本地人
和觀光客都喜歡,很適合當伴
手禮。

台中市中區台灣大道1段388號
(04)2226-6506

山河魯肉飯 一樣傳統好滋味

同樣是第二市場人氣魯肉飯店舖,與李海
接力,從大清早開到下午三點。
究竟哪家比較好吃,其實
都很好吃,各有擁護者。

第二市場內(台灣大道那一側)
(04)2220-6995

有很多懷舊的東西可以挖寶

瑞成糖菓玩具行
懷舊零食專賣店

賣很多小時候的玩具、零嘴，喜歡懷舊的朋友，可來找尋童年的味道。

台中市中區興中街22號
(04)2221-4592

萬益食品
豆干、肉乾等伴手禮

豆干特別有名，尤其是千層豆干口感豐富，濕潤好吃，是台中重要伴手禮品牌。

台中市中區中山路213號
(04)2225-7766

萬益豆干也是很好的伴手禮

港町十三番地 - 中正店
平價日式居酒屋

適合下班後聊天、喝一杯的居酒屋，食物好吃又平價。

台中市中區台灣大道1段405號
(04)2229-0617

鋼筆種類非常豐富，老闆都講台語。

常來買美術用品的地方，很寬敞很好逛

長益鋼筆
老字號的鋼筆店

一家長得很像鐘錶行的老牌鋼筆店。店裡的鋼筆非常多樣，有些別處買不到，很適合鋼筆迷去找筆、跟老闆聊筆，講台語嘛耶通！

台中市中區中山路214號
(04)2222-3755

中棉美術社
好逛的美術社

是我最常添購畫畫「傢俬」的地方，這裡空間寬敞，很好逛，可以慢慢挑選。紙品多樣，而且可以現場裁紙。

台中市中區三民路2段82號
(04)2220-6655

永利行
蜜食與南北貨的老店

這個老字號的三角窗店面，專賣蜜餞、糖果、南北乾貨，充滿小時候對柑仔店的回憶。

台中市中區成功路183號
(04)2222-4525

萬春宮
很有歷史的媽祖廟

從清朝時候就有的台中有名媽祖廟。廟的腹地原本很大，但後來一直縮減。

台中市中區成功路212號
(04)2224-5964

江汶繪圖本
THE SKETCHBOOK OF LIN CHIANG-WEN

sketchbook

曾經和畫友受邀到中華夜市「夜畫」，
這體驗很有趣，要特別準備照明設備。
而且還被請吃美味牛排，希望我們畫出
來的圖，能讓更多人知道中區的好。

東區

台 中 無 所 事 事 之 旅

東光園道
騎單車享受多精

園道規畫得很長，喜歡騎腳踏車的人可以盡情的慢慢騎。
騎的時候，兩邊都是樹木，很舒服宜人。

台中市東區東光園路

樂成宮
拜月老求姻緣

32

這裡主祀媽祖，其實位於二樓的月老非常靈驗，
樣子很慈祥，很多人會來求籤，求好姻緣。

台中市東區旱溪街48號
(04)2211-1928

東峰公園 休閒散步的地方

這座公園立了二二八紀念碑，公園裡還有很多別的石雕。
這裡還滿悠閒的，若騎腳踏車，可以從這裡
開始串連東光園道，一直往前騎。

台中市東區立德東街、仁和路口

興大附農
以前叫台中高農，校園很美

以前是台中高農，紅色校舍很
美、很古典，畫畫時，怎麼取
景都美。

台中市東區台中路283號

旱溪肉圓
第三代肉圓老店

很多人從年輕吃到老，或是從小吃
到中年。下午三點一開賣，人潮就慢慢湧過來
了。肉圓口感Q彈紮實，各種湯都超鮮的。

台中市東區東光園路592號
(04)2212-0219

臺中後火車站一帶
有很多補習班的地方

在台中這段鐵路還沒像現在高架化之
前,因鐵軌的分隔,造成後火車站發展
受限。即便如此,後站仍有它自成一格
的活力,復興路一帶一直很蓬勃熱鬧。

大魯閣新時代購物中心
後火車站最熱鬧的地方

台中後火車站最繁榮的購物中心,而且設有室
內籃球場,超酷。有一層樓都是家居製品樓
層,很多東西設計得有巧思,很好逛。

台中市東區復興路4段186號
(04)3611-8888

裡面的樓層是環形的,中間的廣場挑高
比較不會有悶在室內的感覺。

34

20 Stock 號倉庫 藝術特區
好拍照的地方

這裡有駐村藝術家,可以欣賞他們的創作。
這裡也會有展覽,而且也有賣紀念品。

台中市東區復興路4段37巷6-1號
(04)2220-9972

後驛冊店
文青風用餐環境

走健康路線的定食套餐

這家書店滿新的，剛開不久，常舉辦講座。
書店很文藝風，文青朋友會很喜歡。

台中市東區大公街19號
(04)2221-1900

厚呷大腸麵線脆皮肉圓
脆皮肉圓 超級好吃

 私房
地點

這是我私心超推薦的一攤，很常光顧。
炸肉圓超脆的，裡面的肉，汁多，很好吃。

台中市東區大智路90號
0980-566-135

一碗裡面有兩小顆
皮很脆、肉又多
再搭配獨特醬料

壹貳零文具 鋼筆用品專賣店

這家店位置較偏僻，老闆人很好，鋼筆迷一定要去。
這裡賣些鋼筆、墨水，還有紙品。

台中市東區立德街134-1號
(04)2280-8880

↓老闆送我的 120巴川紙
紙很好寫，扛得住墨。

Musicat Cafe
貓主題咖啡廳.

貓筆繪蛋糕
(招牌)

貓咪拿鐵
(立體拉花)
$120

一家貓主題咖啡館，店內有很多貓的飾品。
咖啡上面有貓的立體拉花。
我有一次去，還吃到貓的肉球造型雞蛋糕。

台中市東區立德街65號
(04)2229-5536

旱溪夜市
東區人氣夜市

這個夜市滿熱鬧的，不是每天營業，星期二、四、五、六才有。除了吃的，還會有一些好玩的小遊戲，如套圈圈拿獎品等等。

台中市東區旱溪東路與振興路口

波蘭保羅爸爸的手工點心
蛋糕一下子就被秒殺

旱溪夜市裡景象奇特的一攤，傍晚五點多就要趕緊過來排，因為這攤的蛋糕甜點秒殺，很快就賣完了。生意好到，現在在大里已經有實體店面了。

旱溪夜市內
(04)2280-8880

臭霸王臭豆腐
還沒開店就一堆人排隊

這一家位置很偏僻，離旱溪夜市一小段路，我也是被朋友帶來才知道。營業時間一到，不得了，各路人馬聚集，好像約好來報到。

台中市東區旱溪西路1段444號

油炸臭豆腐

清蒸臭豆腐

江汶繪圖本

THE SKETCHBOOK OF LIN CHIANG-WEN

sketchbook

記得去畫樂成宮時，廟的前面有座涼亭，和畫友一起坐在有遮蔭的涼亭裡，一邊畫圖一邊聊天，都沒曬到太陽，真不賴。

南區

台 中 無 所 事 事 之 旅

台中文化創意產業園區
以前叫台中舊酒廠

園區很大,有很多大型展覽,像是曾經辦過手繪動漫展。
裡頭設有餐廳,可以聽音樂,有樂團表演。
這裡賣有酒香味的枝仔冰,當然也有紀念品店。

台中市南區復興路3段362號
(04)2229-3079

40

台中肉員
生意很旺的肉圓店

這一攤肉圓店生意也很好,而且只賣三樣東西,酷啊!

台中市南區復興路3段529號
(04)2220-7138

真好吃壽司
海苔捲壽司老店

是家賣壽司的老店,妙的是,只賣海苔、豆皮兩種壽司。

台中市東區台中路35號
(04)2220-2222

有時候看見路邊美麗
的植物，都會希望
自己能擁有更多的
園藝知識技能

一本書店 書店+咖啡簡餐

這是家小小的、很安靜的獨立書店，
還可以用餐，每次供應一兩種套餐。

台中市南區復興路3段348巷2-2號

鹿角咖啡
ANTLER CAFE

消費滿平價的咖啡館，有輕食餐點、下午茶，
很適合在這兒悠閒待一個下午。

台中市南區愛國街139號
(04)2229-1899

台中第三市場
賣衣服.包包等的傳統市場

這個位在後火車站的低調老市場，如今已改名
「民意街觀光市場」，專門賣衣服、民生用品，
當然也賣新鮮熱食。非常親切的一處所在，
地方媽媽們採買必逛。

台中市南區台中路90號(與和平街、民意街交會處)
(04)2225-4230

市場的上方有遮太陽的塑膠繩

順口香麥仔煎
古早味的麵食

我喜歡吃花生芝蔴口味

這款台式鬆餅超懷舊的，口感細密又鬆軟，
熱熱吃最好，最適合午後來一塊解饞、解小餓。

第三市場內(民意街那一側)
0932-452-947

國立公共資訊圖書館
很有設計感的圖書館

建築物外型好像降落的太空船，晚上從周圍看它，
一格格窗戶亮著燈，感覺好像快要升空似的。
對了，這是國家級圖書館，書目很齊全。

台中市南區五權南路100號
(04)2262-5100

忠孝夜市
整條路都賣吃的

也跟中華夜市一樣,有種樸實放鬆的氣氛。
幾乎每家每攤賣吃的,都有三兩下功夫。

台中市南區忠孝路

每次來忠孝夜市一定要吃忠孝烤肉

茗陽甘蔗牛奶大王
很少有人在賣甘蔗牛奶

我真的覺得甘蔗配牛奶,很搭。
這家贏了,贏在老闆很有巧思,
想到可以這樣搭,而且食材又實在,
太好喝了。

台中市南區忠孝路、合作街交會處
(04)2287-5032

我覺得甘蔗牛奶很好喝
可是除了這裡,很少有
人也在賣這一味。

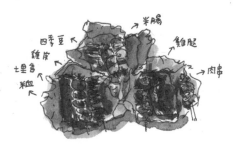

米腸
四季豆
雞皮
雞腿
里肌
糕
肉串

忠孝烤肉
常去光顧的烤肉攤

燒烤攤幾乎是夜市基本款,這家的烤肉,
讓人每次來忠孝夜市就會自動報到。

台中市南區忠孝路161-1號
0926-077-738

對我而言,台中市的配色就是…橙綠綠綠 橙。

43

江汶繪圖本
THE SKETCHBOOK OF LIN CHIANG-WEN

sketchbook

有一次放颱風假，那時台北風雨很大，台中天氣還可以，我們就跑去舊酒廠畫圖。風其實滿大的，這舉動有點瘋狂，但從今以後覺得，再也沒有什麼鬼天氣攔得了自己做任何事。

南屯區

台 中 無 所 事 事 之 旅

萬和宮 國定三級古蹟

主祀媽祖，就在南屯老街裡。
清晨一大早，圍繞在萬和宮周圍的朝市就開始活動，
真的給人一種媽祖守護著鄉親的感覺。

台中市南屯區萬和路1段51號
(04)2389-3285

46

林金生香
有意思的糕餅店

同條街上還有一家分店
供應自家產品下午茶套餐

這家是百年糕餅老店，從紅龜粿到中式喜餅等等，
你想得到的都有。店鋪經過改裝，後來改走氣質文
青精緻路線，給人的感覺很知性。

台中市南屯區萬和路1段59號
(04)2389-9857

台中正如火如荼蓋高架捷運，南屯區預計設置四個站，以後到萬和宮、南屯老街，超方便的。

南屯老街金桃湯
有賣楊桃汁、地瓜牛奶、烤地瓜

大熱天來到這兒，我最喜歡來杯楊桃汁，那種用吸管一吸就是一大口的透心涼，別的滋味沒辦法比，也取代不了。

台中市南屯區南屯路2段555號(萬和路與南屯路口)
(04)2382-2366

南屯老街
保留著許多老店鋪

以前叫做「犁頭店街」，製造販賣很多鐵器農具，後來被規畫成有點復古風的街道。看著每個商家、來來往往的行人機車汽車，真讓人覺得台灣人好有活力啊！

台中市南屯區萬和路與南屯路一帶

豐樂雕塑公園一帶
有公園還有連鎖大賣場

豐樂雕塑公園 散步的好地方

這個大公園既安靜又熱鬧，安靜的是有很多雕塑立在各角落，熱鬧的是很多人在其中活動，約會的、運動的，還有遛小孩的。

台中市南屯區文心南五路1段331號

迪卡儂 大型的運動用品店

不知道為什麼，一進到迪卡儂，就有種輕鬆逛夜市的感覺。最近很多人在瘋露營，露營裝備這一區特別熱鬧，製品的色彩也都繽紛又有活力。

台中市南屯區大墩南路379號(與文心南五路交會)
(04)2471-9666

好市多 購物的好地方

每逢假日，看到要進好市多停車場的自用車，都排隊繞了快一個街區，深深覺得這裡一定是個永遠有吸引力、很好逛的地方。

台中市南屯區文心南三路289號
(04)3704-2855

文心森林公園
晚上散步的好去處

晚上來這裡，會看到很多人有志一同、行進方向也同的跑著步。每個人的跑步裝備都不馬虎，看起來很有活力。假日，公園經常舉辦活動，人氣很旺。

台中市南屯區文心路1段與向上路1段交叉口

文心圓滿劇場 戶外表演空間

我隱約記得當年圓滿劇場的命名，是請民眾一起發想。這裡落成後，經常舉辦露天音樂表演，夏天，尤其是夏夜，愜意得很。

台中市南屯區文心路1段289號

IKEA 家居用品＋用餐環境

IKEA來台中設分店是這幾年的事，讓中部幾個縣市的人都很開心。它的餐廳居高臨下眺望文心森林公園，視野超開闊，晚上來看夜景也很有味道。

台中市南屯區向上路2段168號
(04)2704-9699

黎明新村
眷村＋特色小店

這裡以前是省政府職員的住宅，直到現在都散發出寧靜自得的fu。現在附近外圍的生活機能變得很蓬勃，但一進來這裡，就能立刻找回安寧。

台中市南屯區黎明路2段，分別與干城街、公益路交會，所圍起的一塊區域

黎明溝
有很多魚的小溪

黎明溝源自麻園頭溪，它像守護著黎明新村的護城河，居民也把它照顧得很好，水質清澈，還可以看到很多魚，非常清新的一處存在。

生起司
霜淇淋

古研號
可愛的冰淇淋店

這家店的外觀與擺設超有日式風情。本來以為它只有賣霜淇淋，走進去才發現還有咖啡、蛋糕與甜點，都很不錯吃。來拍照或寫生，也很合適。

台中市南屯區干城街282號
(04)2258-9200

抹茶戚風蛋糕

小麥菓子
兩個女生的日式甜點店

兩個女生開的甜點店，一台灣人，一日本人。
也是老宅新裝，店裡面走隨意舒服的雜貨風情。
甜點平價又好吃，值得試試。

台中市南屯區懷德街59巷6號
(04)2255-2933

麋路咖啡
悠閒的下午茶空間

就在黎明溝旁邊。我很喜歡這家店，從外觀環境到
室內設計氣氛溫馨自然，而且老闆娘對我們這些老
是跑來這裡畫畫的人，超親切的。

台中市南屯區干城街136號
(04)2254-4158

江汶繪圖本
THE SKETCHBOOK OF LIN CHIANG-WEN

sketchbook

還記得第一次畫萬和宮，想說：「市區怎麼有這樣一個好地方，有古色古香的廟，又有老街可以逛，如果不是開始寫生，還真不可能有這種收穫。」希望大家有機會也到南屯走走。

西屯區

台 中 無 所 事 事 之 旅

很多人喜歡站在傾斜的階梯拍照　　音樂演奏表演

臺中國家歌劇院
台中的新地標

無法忽視的存在感，走近它，
再走進它，才能察覺當初建築
師的巧思。

台中市西屯區惠來路2段101號
(04)2251-1777

新光三越百貨公司
每逢週年慶人潮爆多

新光三越百貨的生意很好，每
到假日，這一帶的交通都動彈
不得。

台中市西屯區台灣大道3段301號
(04)2255-3333

54

秋紅谷廣場 悠閒散步的好地方, 晚上很美

白天或晚上來都有不同面貌, 迷人的城市綠
地, 很適合帶小孩來跑一跑動一動。話說, 這
一帶要逛範圍也是有點大, 建議可在秋紅谷這
一站, 租iBike來騎喔!

台中市西屯區
朝富路30號

新光三越與大遠百就在隔壁,
一家逛不夠還可以逛另一家。

Top City 大遠百

大型百貨公司

後來才開的百貨公司, 就位在新光三越旁邊。
建築物前後棟相連, 很大呀,
它跟三越一樣都設有台隆手創館, 非常好逛。

台中市西屯區台灣大道3段251號
(04)3702-2168

Kibii
單品咖啡、梅酒與小食

除了咖啡，還有梅酒，更有對味的吃食小點如豬五花、
臘腸等，讓人在忙碌的生活中隨時來一小杯，切換一下
心情，喝了再前進。

台中市西屯區惠來路1段161號
0966-169-736

KiBii café

卡啡那 CAFFAINA
豪華下午茶店

從高雄來的店，蓋得很大一間，散發著高貴歐式風情。
賣蛋糕、麵包、貝果等等，很適合
在這裡一邊聊天，一邊吃吃喝喝。

台中市西屯區惠中路2段45號
(04)2259-8025

Oh! Sweet Diner
美味的早午餐店

這家供應美式餐點的店，略帶
工業風風情，不只是甜點布朗
尼好吃，早午餐也很受喜愛。

台中市西屯區大容西街53號
(04)2326-3013

BLACK CAT MOON
黑貓月亮咖啡館
二樓有空間，適合聚會

這是一家很樸實的咖啡館，氣氛輕鬆，有很多紙上
桌遊可以玩，適合跟三五好友來這裡聊天聚聚。

台中市西屯區黎明路2段860巷28號
(04)2252-0253

逢甲商圈
好吃 好逛 的 超人氣夜市

ipaper
鋼筆與自製紙品專賣店

位在文華道會館裡頭。這是家厲害的鋼筆店，
除此之外，老闆也生產自有品牌的紙張，
有理想又有生意頭腦。

台中市西屯區文華路150巷27號
0917-111-319

激旨燒き鳥
露天吃燒烤 非常有 Fu

位在文華道會館裡頭。每到傍晚，人潮
會開始聚集，排成一長條人龍。中間的
廣場用餐區，裝飾得很有氣氛，夏天的
夜裡來吃燒烤，一整個放鬆舒爽。

↓ 左邊這間都是紙品　　　右邊這邊有鋼筆、墨水
　　　　　　　　　　　　　文具筆各式商品 ←

台中市西屯區文華路150巷18號
(04)2451-8666

海邊小屋
人氣現烤海鮮攤

這家店賣乾烤蛤蜊，號稱「天下第一鮮」，有原味，也有其他調味。
很多人買了就站在旁邊吃，吃了又吃再來一份。

台中市西屯區文華路121-12號
0937-708-178

明倫蛋餅
直接用麵糊煎的蛋餅

蛋餅不是用餅皮煎的，是用特製麵糊，再加入雞蛋、蔥，起鍋一整個金黃色，對了醬汁也是精心調配的。來逢甲，必點。

台中市西屯區福星路546號
0975-791-179

↳ 哈蜜瓜雪冰

↳ 整顆鳳梨拿起來喝

鐵達尼號
↑

Maj. frutti 冰菓藝棧
水果冰的藝術

就位在星享道酒店旁邊，是家很有質感的冰品店。
水果冰裝飾得很用心、精緻，還有果雕。
果汁也很濃郁，喝得到水果新鮮滋味。

台中市西屯區福星北二街7&9號
(04)2452-6525

東海商圈
東海大學直通夜市

東海大學安靜坐落在台灣大道另一側，
遠離繁華的台中市區。穿梭在它充滿綠
意的校園與典雅校舍群之餘，從西側走
出，立刻置身鬧熱滾滾的東海夜市。

台中市西屯區台灣大道4段1727號

東海大學 理學院
人文氣息滿分

第一次來的時候，真沒想到這一群很像
三合院的紅色校舍，居然是理學院。陽
光灑在建築上，灑在中間綠草地上，時
間好像靜止了一樣。

每年的聖誕節
都會有敲鐘的活動

路思義教堂
造型優雅的教堂

前面草地上從不缺遊人與新郎新娘的台中地標。

鮮乳

冰棒

冰淇淋

很多人來東海，必前往乳品小棧報到！

東海牧場 近距離觀看乳牛

不管何時都能看到乳牛像塑像一樣
在外頭休息，東海鮮奶也是一絕。

東海雞爪凍
東海商圈第一名伴手禮

補充膠原蛋白的美容聖品，基本上是一口接一口，
很難停。這家店在一中街商圈也有分店。

台中市龍井區新興路1巷1號
(04)2632-0182

有濃濃的蒜香，
讓人一口接一口

江汶繪圖本
THE SKETCHBOOK OF LIN CHIANG-WEN

sketchbook

有一次，跟畫友相約畫東海大學的路思義教堂，可是畫了老半天，怎麼都沒人來，原來——我畫到教堂的後面去了，大家都在前面（汗＋糗）。

北屯區

台中無所事事之旅

大坑商圈
台中的後花園

大坑圓環
假日人潮絡繹不絕

這是台中很有名的郊山步道風景區，總共規畫了十條，雖然不曾爬過每一條，但以木頭階梯組成的九號步道，真的讓我印象好深刻(想到又鐵腿了)。

東東芋圓
經過就會聞到芋頭香味

辛苦的爬完大坑附近的步道後，很多人喜歡補充點熱量，東東芋圓尤其受歡迎。沒體力了的時候，來碗Q彈溢香的甜湯，瞬間恢復五成體力。

台中市北屯區東山路2段48-3號
(04)2239-6349

摩奇安娜
MoCHiana
CP值高的早午餐店

除了輕食，午晚餐也供應其他鹹食餐點，如燉飯、義大利麵等，內部裝潢小巧可愛，很讓人放鬆的一家小店。

台中市北屯區松竹五路43號
(04)2437-5037

禧樹景觀花市
獨樹一格的花市

離新都生態公園很近，店內規劃非常用心，
不過，請三隻手不要再偷他們家門口的多肉植物了啦！

台中市北屯區松竹路1段37號(松竹路、東山路交叉口)
(04)2437-5260

晴早早午餐
環境舒適的 平價早午餐

雖說是早午餐店，但其實一整天都可以吃得到餐。
餐點內容很豐盛，價格不貴，菜色頗有巧思，
有機會不妨試試。

台中市北屯區東山路1段196-8號
(04)2436-6857

O-Bar
cafe tea & food

這家店的木質外觀很吸引人，算是大坑商圈很難得的義
式館子，也賣輕食。甜點部分，鬆餅美味，擺盤很美。

台中市北屯區東山路1段361號
(04)2239-5082

葡萄 ↗ 火龍果
↑
奇異果
→ 蘋果
梨
苜蓿芽

附餐水果沙拉

青醬窯烤鮭魚
義大利麵

優格水果鬆餅捲

洲際棒球場
棒球迷最愛的地方

熱血、激動,無與倫比的競技場,只要一有比賽,球場就彷彿活起來了。

台中市北屯區崇德路3段835號

臺灣民俗文物館
保留傳統建築

位在民俗公園裡頭,是傳統的閩南式建築,一個滿清幽、安寧的地方,可以遙想過去人們的生活方式,也可純粹休息片刻放空。

台中市北屯區旅順路2段73號
(04)2245-1310

66

SOLA Caffe 手拉咖啡
有精緻的甜點，二樓座位很多適合聚會

有人覺得這裡像高級的星巴克，的確，從外觀就有屬於自己的簡約時尚。輕食餐點、法式甜點都很不錯，營業時間又長，更是加分。

台中市北區崇德路1段479號
(04)2235-0601

阿坤黑粉圓 珍珠很大顆

這攤位在北屯市場。第一次來點什麼？建議點三種冰，食材都很新鮮，可以吃到很大顆、煮得Q度剛剛好的黑粉圓，以及薏仁、QQ圓。

台中市北區進化北路41號門口
(04)2236-7123

QQ圓＋黑粉圓

敦化公園　以前是駕訓場地

這座公園周圍住宅林立，幸好它占地滿大的，
很多附近居民都喜歡來這裡運動，走走，以及遛小孩。

台中市北屯區敦化路1段與后庄七街交會處

68

水湳市場
早上是傳統早市，晚上有一些賣吃的攤販

早上是朝市，附近地方媽媽都來這裡買菜、買衣服，此
外也有很多特色小吃。到了晚上，就變成吃晚餐和消夜
的地方。

台中市西屯區中清路2段與大鵬路交會處一帶

中南海酒店
公園旁的飯店

這家城市型度假飯店位在敦化公園對面，
開車到逢甲夜市、水湳經貿夜市也很近，
而且附近就有小型夜市，
可問問飯店人員怎麼去。

台中市北屯區敦化路1段481號
(04)3500-9888

星巴克 中清門市
設有得來速

這家星巴克分店算滿新的，也因為新，整體規畫得很好，除了設有免下車的
得來速服務，店內空間超寬敞，幾乎每個座位都有插座，來這裡工作、談事
情，太讚了。

台中市北屯區中清路2段769號 / (04)2426-3243

江汶繪圖本
THE SKETCHBOOK OF LIN CHIANG-WEN

我記得，有次到星巴克中清門市附近停
好車，突然來了感覺，當場畫了起來。
事後，還滿喜歡這張星巴克的小圖，直
到現在。

北區

台 中 無 所 事 事 之 旅

我們科博館的規模,在東南亞數一數二,來台中,一定要來這裡報到。至少,到這附近踏踏青、散點步,很舒服的。

國立自然科學博物館
適合帶小朋友來的地方

還沒進到科博館之前,一定要走連接台灣大道的那條「生命大道」,地上有地球上各個時期的代表生物。

台中市北區館前路1號
(04)2322-6940

科博館前面的生命大道

科博館 植物園溫室

可以認識 植物 的地方

植物園裡的溫室養著亞馬遜流域的魚類，不進去就看不到。

正門位在科博館正後方，中間有西屯路相隔

植物園熱帶雨林溫室裡有個大魚缸，裡面游著大型的魚類可以坐在前面的座位觀賞。

【餵食時間】
• 象魚：星期二、四、六、日，下午 3:30
• 食人魚：星期三下午3:30，星期六上午10:30

mi PiAce 我喜歡義大利麵
lob WARM

我喜歡它從外觀設計就展現熱情的感覺，
用餐環境舒適，很適合邊吃邊聊天。

冰伯爵奶茶
＋40

雞肉奶油義大利麵

套餐＋59，麵包及濃湯

辣牛森力手工寬扁麵
$250

台中市西區博館路159號
(04)2323-6670

整顆旺梨汁

整顆葡萄柚汁

整顆西瓜汁

肉蛋土司
要排隊的人氣早餐店

炭烤豬肉片、加上嫩嫩太陽蛋,組合起來的肉蛋土司,
就是跟別家不一樣。這真是家人氣很旺的早餐店,
總要排個快半小時的隊。

台中市西區健行路1005號
(04)2327-1066

有春冰菓室 創意 冰品專賣店

你喝過一整顆鳳梨汁、一整顆西瓜汁嗎?有春就是這麼
大器,把新鮮水果直接送到你面前。也賣冰品、果汁,
以及蛋麵、雞絲麵等。

台中市西區博館路101號
(04)2310-1717

味覺旅行小廚房
料理十分美味

這家店外觀低調,裡面很棒,擺設佈置有巧思,
整體散發出溫馨感。最重要的是,餐點新鮮又好吃,
值得一來再來。

台中市西區博館路125號
(04)2323-3869

臺中市長公館
小而美的古典建築

這棟日據時代就有的美麗洋房建築，
在人來人往的一中街商圈一角，顯得很特別。
如今的定位是熟齡生活的相關展示、推廣。

台中市北區雙十路1段125號
(04)2227-0125

臺中放送局
以前是廣播電台

有點歐風、有點文青氣息，雖然名列古蹟，
卻更像新潮的文藝集散地。

台中市北區電台街1號
(04)2220-3108

臺中市孔廟
拍照休閒好去處

這是個精彩的地方，從壁上的孔子遊學圖
浮雕，到全台唯一的孔廟牌坊，以及最堂
皇的大成殿，更有集結了古代儒家典範的
各種細節，實在讓人開眼界。

台中市北區雙十路2段30號
(04)2233-2264

港町十三番地 雙十店
下班後放鬆的平價居酒屋

我特別喜歡這家分店的fu，可能跟畫畫當時的心境有關吧。
這家店東西好吃，一切是那麼隨意自然。

台中市北區雙十路2段223-1號
(04)2233-3823

豐仁冰創始店
我比較喜歡 吃這一家

這裡的豐仁冰有酸梅、紅茶、鳳梨這三種，
也有賣果汁、水果冰等等，奇妙的是，
也賣熱食如肉燥飯。

台中市北區雙十路2段15號
(04)2225-7611

©LIN CHIANG-WEN

香蕉新樂園 - 復古的台菜餐廳，外面有一台火車車廂

臺灣香蕉新樂園
裝潢陳列有古早味

這家店太酷了，是復古台灣味的代表。陳列了台灣古早時候的許多生活場景，可能會引發大家一些懷舊的鄉愁。

台中市北區雙十路2段111-1號
(04)2234-5402

店內常有二手鋼筆寄賣，可以以便宜的
　價格找到不錯的鋼筆。

鋼筆工作室 台中分舵
鋼筆、墨水專賣店

這是一家鋼筆專賣店，應該所有有關鋼筆的疑難雜症，都可以在這裡得到解答。

台中市北區進化路422號
(04)2233-0818

太原和育德園道,是北區很重要的
兩條綠帶,替繁忙的人車交通帶來
一些緩衝,周圍更開有一些特色店
家,有時會不小心就錯過了。

太原綠園道:從華美街二段和太原路相
交這一側,一直往北屯延伸
育德綠園道:從博館路和育德路相交這
一側往下延伸,止於學士路

中山堂
欣賞藝文表演的好去處

這裡經常有藝文表演活動,是專業的劇場
場地,我特別喜歡它周邊保留的大廣場,
營造出悠閒的氣氛,與人車很多的學士路
巧妙隔了開來。

台中市北區學士路98號
(04)2230-3100

中國醫藥大學
附近自成熱鬧商圈

中國醫藥大學這一帶是以學生為主的
商圈,老店不少,吸引年輕人的店舖
更是一家家開。

台中市北區學士路91號

拉波兒 麵包
店內麵包使用日本進口 麵粉

拉波兒麵包店的外觀有種混搭感，酷酷的，又不失溫
暖。老闆的老師是日本麵包師傅野上智寬。這家店都用
日本麵粉，蔥麵包蓋了滿滿的蔥，好吃又有誠意。

台中市北區中清路1段199號
(04)2206-8066

康寶十全藥燉排骨
人氣藥燉排骨專賣店

店面好大一間，已經開業二十幾年了，
每到冬令進補時節，人潮好洶湧。
當然，夏天有夏天的補法，生意也很好。

台中市北區美德街302號(與中清路交會)
(04)2203-5655

奶油卷　　　克林姆麵包　　　蔥麵包

果子鋼筆
小巧的鋼筆店

這是新開的鋼筆店，感覺很有活力，
鋼筆品項持續擴充中。

台中市北區忠明路502-8號
(04)2299-4182

一中街商圈
有很多平價美食小吃

學生族群的吃喝買逛天堂，新奇的、好玩的、好吃的店，很多都會開在這兒。

範圍包括三民路、一中街、太平路、育才街、育才南街，以及育才北路

一中街，客群以學生為主，有許多平價美食

這家的顏料比較便宜，所以常來這裡補貨

名品美術社
巷子裡的美術社

名品的店舖雖小，但跟畫畫有關的工具和品項，應有盡有。老闆待客也很親切。

台中市北區三民路3段54巷1-1號
(04)2226-4779

得暉美術社
在中技對面

這家店小小的，卻開了近三十年，是家族企業，從畫畫到製圖、做模型所需的紙張畫布材料，什麼都有。

台中市北區三民路3段118號
(04)2221-7388

春水堂 人文茶館－育才北店　2016.08.21

春水堂 育才北路店
逛完街可以休息聊天喝茶的好地方

春水堂這家分店位在中友百貨後面，地段很好，
很多時候都高朋滿座，一位難求啊！

台中市北區育才北路61號
(04)2220-0339

臺中公園
市定古蹟公園，舊市區最重要休閒地

老台中人的記憶一定圍繞著台中公園，到公園划
船、在公園爬樹、到公園後方的圖書館看書，現
在的台中公園感覺寂寞了點。

台中市北區雙十路1段65號

很喜歡吃這家的雞爪凍·每次都推薦給朋友

上和園滷味
東海雞爪凍這裡也買得到

如果你喜歡吃雞爪、雞腳、雞翅等滷味，
來這裡就對了，買回去啃個過癮。

台中市北區育才街4號(與一中街交會)
(04)2223-0407

翁記泡沫廣場
聊天聚會的地方

翁記興起於泡沫紅茶剛開始沒
多久時，當時晚上生意好到座位都排到精武路上，
烏龍豆干好吃到讓人難以忘懷。

台中市北區精武路326號
(04)2226-6521

小義大利 中華店
異國風味 餐廳

這是一家從面子到裡子都很到位的餐廳，外觀有
風情，裡面的格局規畫更是別有洞天，餐點都很
美味，沒有一個環節是馬虎的。

台中市北區中華路2段130-1號
(04)2208-1329

中友百貨的星巴克總是聚集很多人

中友百貨 有好幾棟連在一起

除了像歌劇舞台一般的誠品書店，每層樓的特色廁所還滿妙的，聽説外地人會特別關注這點。

台中市北區三民路3段161號
(04)2225-3456

↘上面直接擺上 鯛魚燒。

↙特別的紫薯口味

金魚霜淇淋
日式霜淇淋專賣店

店開在一排老房子之中，也是走日式文青風，但比較簡約。進到店裡可以看到鯛魚燒製作，香氣一直飄出來，讓人很想趕快吃到。

台中市北區三民路3段201巷14號
0965-422-825

江汶繪圖本
THE SKETCHBOOK OF LIN CHIANG-WEN

sketchbook

我還滿喜歡畫北區的，特別喜歡的圖與場景有——港町十三番地雙十店、台中公園，以及豐仁冰創始店（喜歡這家店的樸實台灣味）。

臺中刑務所演武場 /
道禾六藝文化館
喝茶與拍照的好地方

日式風情的歷史建築，
懷想以前習武的情景，
至於現在，先來一杯茶
吧！

台中市西區林森路33號
(04)2375-9366

道禾六藝文化館

©LIN-CHIANG-WEN

86

© LINCHIANGWEN 2016.10.08

道禾六藝文化館旁邊的巷弄裡，不定期會有小蝸牛市集，每次我都一定會去逛。

臺中州廳
很有特色的建築

雖然台中市政府搬去新大樓了,但這張畫,是我最喜歡的一幅。為什麼呢?我也說不上來,就是一種感覺吧!

台中市西區民權路99號
(04)2227-6011

©LIN CHIANG-WEN

春水堂創始店
創立於1982年,當時叫陽羨茶行

來這裡,有種看到春水堂最初樸實模樣的fu,小小的,不大,卻很有自己特色。

台中市西區四維街30號
(04)2229-7991

臺中市役所
餐廳+藝術空間

「市役所」其實是日文裡的「市政府」,這座美麗的巴洛克建築於2016年2月27日重新開放,這天進場的人潮隊伍排得很長。樓高三層,三樓的木構圓頂,就是外觀看上去的黑圓頂,保存修整得很好,超感動。

台中市西區民權路97號
(04)3507-7357

台中文學館 日式建築 × 文學空間

人少的時候很幽靜，很適合在這邊發點呆，畫個畫。
文學公園裡或建築物裡，常舉辦表演活動。

台中市西區樂群街38號
(04)2224-0875

小老鷹樂團 現場演唱

@LIN CHIANG-WEN

88

拾光機
很安靜的下午茶店

這家店是老宅改裝的，位置有點低於一樓，十分有趣。
很有味道，地板會吱吱嘎嘎響，但不會讓人覺得要陷
落。是個很讓人放鬆的地方，會想坐一下午。

台中市西區自治街36號
(04)2372-3733

棉花糖厚切吐司
+ 冰淇淋

第五市場 有很多好吃好喝的

很平民親切的一個朝市，我喜歡它的活力。
來這裡買菜或吃早餐的客人，好像都會露出
「這一天，一定要從第五市場展開」的堅定神情。

台中市西區樂群街、自治街、自立街一帶

林之助紀念館
膠彩畫家 林之助故居

從前輩畫家的畫作可以窺見早年的台灣生活，
那樣濃烈的色彩也感染到我了，今天的樹畫得特別綠！

台中市西區柳川西路2段158號
(04)2218-3652

櫃子裡擺滿各色的膠彩畫顏料

國美館周邊
附近有很多高級的餐廳

國立臺灣美術館
有很多大型的展覽

我是很後來才知道，如果沒有特展，進去美術館看一般展覽都免費。喜歡藝術，喜歡安靜，喜歡獨處的人，來這裡走走吧！

台中市西區五權西路1段2號
(04)2372-3552

歐洲市集@美術園道
是這裡市集的 特色是使用白色
十小的歐洲傘。
LIN CHIANG-WEN 2016.08.16

美術園道
兩側都是高級餐廳，假日有市集

園道兩側餐廳林立，每家都有自己特色。
無論走在園道裡，或是兩旁人行道上，慢慢的走，
很舒服的綠意和微風就會很自然包圍你。

BROWN PINK

RESTAURANT

忠信市場
老市場轉型為文創小聚落

這裡不是一般的市場，而是老宅活化，進駐了一些有想法創意的店舖，咖啡館、書店、展覽空間、民藝品店等等。而且，還是有居民住在這裡呢！

由五權一街、五權西二街、五權西三街所圍成的區域
(位在國美館對面，從長青登山協會招牌巷子進去)

奉咖啡
路口的咖啡小店

就位在忠信市場裡的路口，很顯眼。外面有張長凳，老闆會站在外面招呼你進去坐。一家有著古舊氣息的特色咖啡店。

台中市西區五權西路1段57巷2弄7號(忠信市場內)
0972-872-792

異想空間公仔主題餐廳
英雄迷的最愛

這家店擺設了好多動漫公仔，你可以近距離看到鋼鐵人、雷神、美國隊長，超驚喜。餐點也好吃，製作用心，眼睛跟胃都大滿足。

台中市西區五權三街48號
(04)2372-5835

↓好窖動動腦，上面是草莓鮮奶酪，下面是冰沙。

↓外觀見超不起眼，而左半邊其實是車庫。

旅行喫茶店
以旅行為主題的店

位在一間古舊的老房子裡，老闆很喜歡旅行、交朋友，她是店長兼店員，店內事一手包辦。店裡有很多來自各地的旅行紀念品、可愛文具，裝飾品以地球儀、飛機為主。藏書很多，還可以借回去看。

台中市西區五權西六街20巷15號
(04)2376-6298

Pipe 牛逼館子
美式漢堡餐廳+啤酒

外觀低調，店內規畫成酷酷工業風。漢堡餐點很厲害，套餐上桌，滿滿一份。

台中市西區五權一街64號
(04)2372-2313

大墩文化中心
常有大型的美術展覽

這裡可以借書，也可以欣賞國內藝術創作人士的展覽，還可以上上文化局開辦的藝術課程如裱褙等等。

台中市西區英才路600號
(04)2372-7311

小義大利 美館店
外觀很有異國風味

美術園道數一數二搶眼的漂亮建築，裡面供應的義式料理也美味得令人難忘，下次還想再來。

台中市西區五權西四街105號
(04)2372-6463

↳飲料上面都有斑馬圖案。

↳明太子可頌
Zebra Walking Cafe
斑馬散步咖啡
斑馬主題的早午餐店

老屋新裝，整棟老房子都是白色的，有木色窗框，氣質大加分。店內走簡約工業風，擺設充滿老闆的巧思與赤子之心。

台中市西區五權一街5號
(04)2378-0515

審計新村 有很多可愛的小店

從「范特喜綠光計畫」所在的中興街繼續往前走一小段，會看到另一片老宅建築，這就是審計新村。顧名思義，這裡以前是公家單位。現在有越來越多文創小店進駐，也會開些互動課程。

台中市西區中興街、民生路交會處一帶

小樹苗雜貨店
販售各種可愛的家居雜貨小物

漆成白色的老房子，配上粉藍色系窗框，這是家走溫暖小巧路線的店。它賣各種生活雜貨、杯盤等等。

台中市西區向上路1段79巷66弄22號
(04)2301-9055

美軍豆乳冰
天然健康的甜品

店名說出了一切，它的豆漿超濃稠的啊！店內擺設很有設計感，走「無印良品」風，會讓人想坐在裡頭舒服的吃。

豆乳冰　抹茶布丁（上面有抹茶

台中市西區民生路380-2號
0989-008-801

小蝸牛市集
Löle Market

2016年的審計新村超歡樂的，有好多個週末假日，
都可以在這裡看到「小蝸牛市集」。
我很喜歡到市集走走逛逛，每一攤背後都有一個故事，
老闆店主們的眼神都在發光。

向上市場
有很多好吃的東西

離國美館頗近，距SOGO商圈不遠，是藏身熱鬧街市中的一處傳統市場，賣菜、賣民生用品等。裡頭也有很多吃食店，熱的冷的、主食點心，應有盡有。

台中市西區向上路與中美街交會處一帶

向上市場 無名雞蛋糕
中美街 靠近向上路那一攤

這攤雞蛋糕很厲害，沒有名字，但時間到了，大家就是知道要來買。

台中市西區向上路與中美街口
(就在遊藝場對面)

時間一到就開始有人在排隊

一份 5 個 20 元

佔空間 Artqpie
獨立書店

隱身在民宅中的一家小小獨立書店，進了很多日本雜誌，而且選書用心，充滿文青風＋知青風。

台中市西區中美街135號
0982-723-359

草悟道
CALLIGRAPHY GREEN WAY
有市集、街頭藝人表演

連接了科博館與市民廣場，很適合散步，
路邊有許多悠閒的店，巷子裡有趣的小店
也不少。

北起國立自然科學博物館、南至美術園道

勤美誠品 STARBUCKS 前　©LIN CHIANG-WEN

97

草悟道上的四根柱子.底下方允執厥中四字.

三星園
超人氣日本抹茶、冰品專賣店

從高雄來的冰淇淋店，外觀和室內都以船隻造型展
現，買冰也是用船票購買。抹茶冰淇淋好吃，抹茶
控朋友一定要試試。

台中市西區館前路71號 / (04)2322-0159

三星園的冰品

全國大飯店
宴會尾牙的好地方

老字號高級飯店，位置也很好，離台灣大道不遠，鬧中取靜。正對著草悟道，旁邊就是勤美術館，人潮很多，整體氣氛很悠閒。

台中市西區館前路57號
(04)2321-3111

孫立人將軍故居 參觀前要預約

紅色的大門，像蕈菇一樣形狀的老樹，
將軍以前是以什麼心情在這裡生活的呢？

台中市西區向上路1段18號
(04)2229-0280 ext.510

勤美術館
CMP Block Museum of Arts

這一小片露天空間，不時舉辦活潑有趣的戶外展。也設有好幾個店家，很適合假日來走走逛逛、買買吃吃。

台中市西區館前路71號
0800-266-155

常有裝置藝術的展覽
每次主題都不同

Mapper Cafe 脈搏咖啡館
有賣試管咖啡的小巧咖啡店

這是一家小小的韓風咖啡館，端上桌的餐飲都很有特色，而且擺盤裝飾精緻。像是年糕鬆餅，以及一次可以喝到六種風味的「環遊世界試管咖啡」。本來開在孫立人將軍故居這一帶，但成書之際，搬家啦！

台中市南屯區中台路24-12號
(04)2380-7735

試管咖啡～環遊世界

超三代蔥油餅
很有人氣的攤車

來勤美這一帶玩，必試小吃。餅皮外觀呈金黃色，裡面一律加蛋不加價，厲害的炸物。

勤美誠品綠園道、NOVA資訊廣場之間
0925-509-999

第三代蔥油餅的攤車固定停在勤美旁邊

勤美 誠品綠園道
外觀有植物的百貨公司

不要懷疑，外觀那片牆，種的是真正的植物，聽說，澆水時間就在閉店後。這座商場可是重要地標，在裡頭可以逛書店，吃喝買逛，甚至運動做瑜伽。

台中市西區公益路68號
(04)2328-1000

常來這裡逛誠品書局

↓ 藍莓生乳酪塔

小巷愛樂芬
可愛的花草園藝小店

這是家溫馨可愛的植物系店舖，賣些小盆栽、乾燥花圈。光站在門口、還沒走進去，就讓人開始放鬆了。

台中市西區美村路1段117巷13號
0980-552-528

Fermento發酵
新開的人氣蛋糕店

↓ 檸檬塔

來到這店有種探幽的fu，越往裡走越有歐式豪華氣息。原來是家甜點店，塔類居多也賣咖啡，可坐下來吃午茶。

台中市西區美村路1段102巷1號
(04)2328-0065

小週末
有賣貝果與鬆餅的早午餐小店

這家店的外觀呈低調的淺灰色，店裡供應三明治、蛋糕、鬆餅，以及咖啡、茶。鬆餅好吃。

台中市西區美村路1段149巷11號
(04)2326-4070

南瓜屋
有特色的義式餐廳.

紅磚外觀說明了這是家溫馨的餐廳，店裡每一區都有不同的擺飾主題，非常活潑可愛，這樣的地方最適合歡聚了。

台中市西區中興街225號
(04)2328-6791

© LIN CHIANG WEN

hecho 做咖啡
位於二樓的咖啡廳

這個品牌的咖啡館真強大，在勤美商圈開了三家店。它的義大利麵好吃。一號店開在二樓，走上樓別有風情，我還滿喜歡的。

台中市西區美村路1段133巷22號2樓
(04)2326-0423

家·溫度湯專門店
來喝湯吧

這家店的主菜是湯品，每天都會有好幾種湯，有濃郁的，也有清淡的，而且裡頭湯料很豐富。除了喝湯，還可以搭配成套餐吃。

台中市西區美村路1段149巷5號
(04)2321-3678

西區

以美味的湯為主題
搭配著飯或麵

VAPIANO
PASTA PIZZA C AFE

南瓜屋 紐奧良義式餐館
PUMPKIN HOUSE
NEW ORLEANS ITALIAN BISTRO

K5 樂活冰品
養生黑蒜冰、也有餐點

這家冰店的號召是「養生」，還會搭配當季水果，
看上去色彩繽紛，一上桌，大口開吃！

台中市西區美村路1段158號
(04)2301-3949

香檳藍莓馬花 → ← 藍莓有酒香
黑糖挫冰 → ← 荷

鑽石 養生香檳藍莓冰

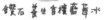

長長的招牌上面寫著
「冰品界的LV」

美村點頭冰
吃了會點頭啊~

吃過的人都知道，一口吃
下，會讓你點頭。對了，夏
天當令時，會給很多新鮮芒
果，超開心的。

台中市西區美村路1段176號
(04)2301-2526

美村點頭冰

建議可以平日來吃，以免排隊排很久

阿根早點 生意超好的

蛋餅皮很酥脆，吃起來不會軟爛爛的，我很愛吃
它的蝦仁蛋餅。美村路上這家阿根，店面開闊，每
天生意都超好。

台中市西區美村路1段186號
(04)2301-7522

北平烤鴨
美村路上 的 人氣 烤鴨店

每次經過美村路這裡，都會看到小排或大排長龍。
烤鴨，皮很脆，肉質不會太硬太柴。
尤其那一袋炒帶骨鴨肉啊，醬汁超香的，很下飯。

台中市西區美村路1段214號
(04)2302-2202

Hotel ONE 台中亞緻大飯店
這棟樓鶴立雞群，樓上的餐廳可以看夜景

這家飯店很高級，外型也很特別，所在地點也很精華，
離市民廣場、草悟道不遠。如果是我，應該會想住高樓層房間，
然後畫出各角度的市區俯瞰圖。

台中市西區英才路532號
(04)2303-1234

Nova 資訊廣場
台中人最常去買電腦的地方

現在只要是跟電腦有關的購買、維修，大家通常
會來這兒逛逛和詢價。地點很好，就在勤美誠品
綠園道旁邊。

台中市西區英才路508號
(04)2325-8899

從最高樓層46樓看夜景，
視野一定很遼闊

I'm Talato 我是塔拉朵
少女們最愛的冰淇淋店

這家粉紅色主視覺的冰淇淋店，相信一定是許多女生的
愛。從外觀到店內，到處都有供拍照留念的擺設，店裡
更有個冰淇淋游泳池，讓很多女生萌心大發。

台中市西區英才路451號
(04)2305-8908

店面有很多大型的冰淇淋裝飾

市民廣場 週末野餐的好地方

台中人會在這裡出沒，觀光客也很多，假日總是熱鬧得不得了的地方，草地也是台中最熱門的一片草地。

台中市西區公益路與中興街交叉口

田樂 for Farm Burger
隱密的漢堡與輕食餐廳.

搬了家的田樂，依然選擇細細長長的店面做規畫，文青風依舊，卻不失自己個性。
它的漢堡食材都有生產履歷，讓人吃得到新鮮。

台中市西區公正路128號旁的小巷
(04)2305-0507

INO Cafe
現在還多了 雞蛋糕

有霜淇淋，最近還推出雞蛋糕，
如果有一中店的奇妙內餡車輪餅就更好了。

台中市西區中興街175號
(04)2301-3605

入口處比較隱密，要找一下

餐點以健康的漢堡為主

每年台中爵士音樂節,都很盛大

樹下常有阿伯在下棋

茉莉書店 台中店
買二手書的好地方附有咖啡廳

一走到地下一樓的茉莉,氣氛就變得很沉靜,
很適合在這裡找幾本便宜但不縮水的好書。

台中市西區公益路161號
(04)2305-0288

今日蜜麻花之家
需要排隊的人氣伴手禮

這家絕對是台中伴手禮選擇之一，讓你徹底享受糖的黏膩感。就位在民宅裡，有時去買還可看到製作過程。杏仁、芝麻、花生等香片系列也很推，不會太黏牙。都說很難買，但平日晚上還是可能買到。

台中市西區中興街中興七巷12號
(04)2305-2099

一大早就有人來買～今日蜜麻花之家

Haritts
日本來的人氣甜甜圈店

這是家來自日本東京的甜甜圈店，來台第一家店選在台中開，整家店走日式文青風。木頭招牌貼上色彩繽紛的甜甜圈，點來吃果然不錯吃，口味很多。

台中市西區中興街128巷6號
(04)2301-2469

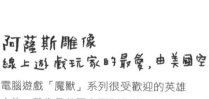

阿薩斯雕像
線上遊戲玩家的最愛，由美國空運來臺

電腦遊戲「魔獸」系列很受歡迎的英雄人物，雕像是美國方面製作的，細節做得很逼真，很有分量的矗立在園道裡，威武！

台中市西區向上北路與英才路交會處(草悟道內)

新手書店
老闆說他會努力撐下去

這家書店的空間比較畸零，但有許多特色角落，值
得細細欣賞。店裡經常舉辦書籍、藝文相關活動，
整體氣氛很棒。

台中市西區向上北路129號
0983-388-052

陳允寶泉 草悟道店
除了糕餅麵包，這裡還多了冰淇淋銅鑼燒

台中發跡的製餅老店，如今在勤美商圈附近開了新店舖。
老店新風貌，超大一間，走沉穩路線，木質日式優雅風，
店內吃食陳列很有質感。

台中市西區向上北路136號
(04)2302-7552

塩水麵店
我很喜歡去吃的一家平價麵店

位在濃濃文青風的綠光計畫這一帶，麵店從外到裡
看起來實在普通，但我就喜歡它樸實的樣子，而且
東西好吃到不行。

台中市西區中興街109號
(04)2302-3112

范特喜綠光計畫
文創小店的聚落

范特喜陸續幫台中的老宅變身，距離勤美商圈不遠的
「綠光計畫」，就是很成功的老宅新生例子。
這裡有多家文創小店，也有餐飲店。

台中市西區中興一巷2-26號
(04)2301-6717

乾意麵+魯蛋　　招牌鵝米血　　店內的小魚乾辣油很香，
　　　　　　　　　　　　　　　也有在販售。

金典 綠園道
飯店與百貨公司

這家結合了飯店的誠品商場，樓上有很多餐廳，
地下一樓有個表演空間，會有團體演唱，
很多人週末下午喜歡來聽歌。

台中市西區健行路1049號
(04)2319-8000

廣三SOGO百貨
門前音樂鐘，小朋友最愛

這家百貨公司對我來說，地標味十足，
交通很方便，正對著台灣大道。走幾步路，
穿過美村路，走進小巷子，人就在草悟道上了。

台中市西區台灣大道2段459號
(04)2323-3788

連鎖品牌咖啡館，這家分店的空間規畫很好，
有大面窗景可看外頭車流，坐下來喝杯咖啡享
受片刻閒情。

台中市西區台灣大道2段505號
(04)2326-3173

伯朗咖啡中港店
圓弧形大窗、視野超開闊

麻辣大腸麵線
每次經過都會被香味吸引

有些店做生意厲害到不需要取店名，顧客就會聞香而來。
每次經過這家店，都會被香味吸引，即使後來搬到巷子裡
一樣香噴噴。

台中市西區美村路1段21巷2號
(04)2310-7858

→ 大腸麵線

花枝丸

← 雞排

雙城美式餐廳
道地的美式餐廳

老闆是老外，薯條看起來不起眼卻很美味，
餐點份量都很驚人，要有心理準備。

台中市西區華美街480巷1號
(04)2326-0429

漢堡、蛋捲等美式餐點
我超愛他們的薯條
(帶皮一起炸的)

有筆 x 鋼筆工作室
可愛的鋼筆文具店

這家店不只賣鋼筆，還賣很多可愛的文具，像是手帳、
印章等等。地下一樓有開課，可以學手作、畫畫。

台中市西區長春街14號 / 0922-701-671

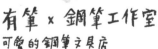

精誠商圈
巷子裡都是獨棟的房屋

以精明一街牌樓開放式空間為首，尤其是那好幾條令人眼花撩亂的精誠X街，每條都繞上一繞，會發現特色商店或飲食店就藏身民宅裡。

廣義而言，介乎台灣大道、公益路之間的精誠路一帶，並延伸至精誠路兩側街巷

THE FACTORY / mojocoffee
非常專業的咖啡店

上二樓的樓梯是透明的，從外面看這棟房子也是透明的，我們就爽快的在這裡摸個魚吧！

台中市西區精誠六街22號
(04)2328-9448

耶濃搖滾豆漿
多種口味的豆漿專賣店

很像咖啡館的豆漿店，豆漿咖啡是極品，一定要喝。

台中市西區精誠路118巷3號
(04)2328-4489

覓靜拾光
BE STILL SEEK LIGHT

鋼筆文具店＋咖啡廳　適合筆聚的好地方

這裡是個集合了鋼筆、文具，以及好咖啡、好空間的所在，適合鋼筆同好筆聚。老闆為人親切，讓大家輕鬆無壓的在這裡盡情試寫、交流，一整個歡樂來著。

台中市西區精誠九街10號 / (04)2327-0838

覓靜拾光
Be still
Seek light

© LIN CHIANG-WEN

呼嚕咖啡 FORRO CAFE
有演唱表演的早午餐店，也附設民宿

這家店占地不小，一樓經常有高水準現場音樂表演，相信與老闆是手風琴家大有關係。二樓設有民宿，規畫得很有巧思，一個人來住也沒問題。

台中市西區精誠三街47號
(04)2310-1661

江汶繪圖本

THE SKETCHBOOK OF LIN CHIANG-WEN

sketchbook

我自己在西區上班，每週五下班後都在這一帶探險，去些沒去過的地方，然後把它畫下來。還曾經挑戰「晨畫」，利用上班前一小時在附近畫圖，連續畫了一個月。

畫畫工具

我的書桌－在家最常活動的地方。

©LIN CHIANG-WEN

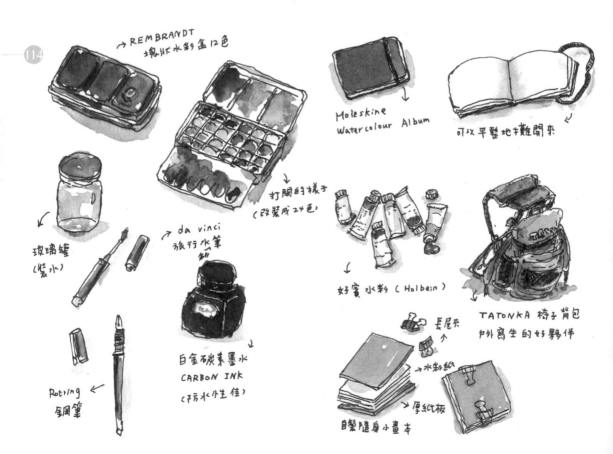

→ REMBRANDT
塊狀水彩盒12色

Moleskine
Watercolour Album

可以平躺地攤開來

打開的樣子
(改裝成24色)

玻璃罐
(裝水)

→ da vinci
旅行水筆

好賓水彩 (Holbein)

TATONKA 椅子背包
戶外寫生的好夥伴

白金碳素墨水
CARBON INK
(防水性佳)

Rotring ←
鋼筆

長尾夾

水彩紙

厚紙板

自製隨身小畫本

美術園道
MUSEUM ART-PARK WAY
台中市西區五權西四街
與五權五了造一帶有
許多高級餐廳。建築
外觀都很特別，是
適合約會、聚會的好
地方。
2016.02.16
© LIN CHIANG-WEN

好讀出版　小宇宙・彩虹02

台中無所事事之旅——閒閒散步、吃喝遊逛手繪玩帖

作　　者 / 林江汶
總 編 輯 / 鄧茵茵
文字編輯 / 簡伊婕
美術編輯 / 許志忠
圖片編輯 / 陳美芳
行銷企劃 / 劉恩綺
校　　對 / 莊銘桓

發 行 所 / 好讀出版有限公司
台中市407西屯區何厝里19鄰大有街13號
TEL:04-23157795　FAX:04-23144188
http://howdo.morningstar.com.tw
(如對本書編輯或內容有意見，請來電或上網告訴我們)
法律顧問 / 陳思成律師

戶名 / 知己圖書股份有限公司
劃撥帳號：15060393
服務專線：04-23595819 轉230
傳眞專線：04-23597123
E-mail：service@morningstar.com.tw
晨星網路書店：www.morningstar.com.tw

印刷 / 上好印刷股份有限公司　TEL:04-23150280
初版 / 西元2016年12月15日
定價 / 350元
如有破損或裝訂錯誤，請寄回台中市407工業區30路1號更換（好讀倉儲部收）

Published by How Do Publishing Co., Ltd.
2016 Printed in Taiwan
ISBN 978-986-178-402-1

國家圖書館出版品預行編目資料

台中無所事事之旅──閒閒散步、吃喝遊逛
手繪玩帖 / 圖．文．攝影 / 林江汶
── 初版 ── 臺中市：好讀，2016.12
面：　公分，──（小宇宙；彩虹；02）
ISBN　978-986-178-402-1（平裝）
1.旅遊　2.臺中市
733.9 / 115.6　　　　　　　105018741

只要寄回本回函，就能不定時收到晨星出版集團最新電子報及相關優惠活動訊息，並有機會參加抽獎，獲得贈書。因此有電子信箱的讀者，千萬別吝於寫上你的信箱地址。

書名：台中無所事事之旅——閒閒散步、吃喝遊逛手繪玩帖

姓名：_____ 性別：□男 □女

生日：_____年_____月_____日　教育程度：_____

職業：□學生　□教師　□一般職員　□企業主管
　　　□家庭主婦　□自由業　□醫護　□軍警　□其他_____

電子郵件信箱（e-mail）：_____

電話：_____

聯絡地址：□□□□□
_____

你怎麼發現這本書的？
□學校選書　□書店　□網路書店_____
□朋友推薦　□報章雜誌報導 □其他_____

買這本書的原因是：_____
□內容題材深得我心　□價格便宜　□封面與內頁設計很優　□其他_____

你對這本書還有其他意見嗎？請通通告訴我們：
_____
_____

你購買過幾本好讀的書？（不包括現在這一本）
□沒買過 □1～5本 □6～10本 □11～20本 □太多了

你希望能如何得到更多好讀的出版訊息？
□常寄電子報　□網站常常更新　□常在報章雜誌上看到好讀新書消息
□我有更棒的想法_____

最後請推薦幾個閱讀同好的姓名與E-mail，讓他們也能收到好讀的近期書訊：
_____
_____

我們確實接收到你對好讀的心意了，再次感謝你抽空填寫這份回函，請有空時上網或來信與我們交換意見，好讀出版有限公司編輯部同仁感謝你！
好讀的部落格：howdo.morningstar.com.tw
好讀的粉絲團：www.facebook.com/howdobooks

廣告回函
臺灣中區郵政管理局
登記證第3877號
免貼郵票

好讀出版有限公司　編輯部收

407 台中市西屯區何厝里大有街13號

電話：04-23157795-6　傳眞：04-23144188

沿虛線對折

買好讀出版書籍的方法：

一、先請你上晨星網路書店 http://www.morningstar.com.tw
　　檢索書目或直接在網上購買

二、以郵政劃撥購書：帳號15060393　戶名：知己圖書股份有限公司
　　並在通信欄中註明你想買的書名與數量

三、大量訂購者可直接以客服專線洽詢，有專人為您服務：
　　客服專線：04-23595819轉232　傳真：04-23597123

四、客服信箱：service@morningstar.com.tw

台 中 無 所 事 事 之 旅

台 中 無 所 事 事 之 旅